Lb 45
692

AF503558

OBSERVATIONS

SUR LA

PROPOSITION DE M. DUMOLARD,

DE DONNER

A LA CHAMBRE DES PAIRS

ET A CELLE

DES DÉPUTÉS DES DÉPARTEMENS,

LE NOM COLLECTIF

DE PARLEMENT,

AVEC QUELQUES RÉFLEXIONS SUR CE QU'ON
ENTEND PAR IDÉES LIBÉRALES.

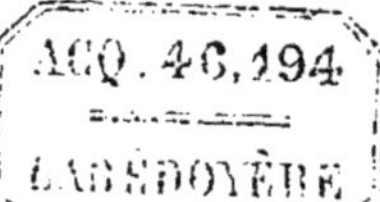
ACQ. 46,194

LABÉDOYÈRE

PARIS,

Chez {
LE NORMANT, Imprimeur-Libraire, rue de Seine, n°. 8;
DELAUNAY, Palais-Royal, galeries de bois;
CROLET, rue de Chartres, n°. 4.

1814.

A

MM. LES JOURNALISTES,

QUI VOUDRONT BIEN

S'ENNUYER A LIRE CET ÉCRIT.

———

L'auteur les prie de ne s'attacher, dans la censure que cet ouvrage peut leur paroître mériter, qu'au fond des choses.

Quant au style, ils verront bien qu'il est sans prétention, parce que l'écrivain se souvient qu'é-tant, il y a soixante-sept ou soixante-huit ans, en philosophie, lorsqu'il lui échappoit, en argumentant en latin, quelque solécisme qui faisoit rire ses cama-rades, il leur répondoit par ce proverbe :

Non agitur de verbibus, sed de reis.

OBSERVATIONS

SUR LA

PROPOSITION DE M. DUMOLARD.

—

On m'a lu, car je suis aveugle et très-âgé, dans le Journal des Débats, la proposition de M. Dumolard sur la nécessité de donner à la Chambre des Pairs, et à celle des Députés des Départemens, le nom collectif de *Parlement.*

Le 5 mai dernier, temps où le sénat existoit encore, j'écrivois qu'il falloit absolument changer ce nom républicain ; je disois que le mot *Roi*, le mot *Parlement* étoient aussi essentiels à la France, que le titre de monarchie, qu'en changeant les noms, on changeoit les idées et les choses, que ce fut la marche que tinrent les révolutionnaires, auteurs de tous nos malheurs.

Jusques-là j'étois d'accord avec M. Dumolard : je le serois encore sur la nécessité de donner aux deux Chambres le nom collectif de Parlement, si , comme l'a dit M. Dumolard, *la révolution avoit détruit le Parlement.* Cela, de fait, est aussi vrai qu'il l'est, que la révolution avoit détruit le Roi et la royauté.

Je crois que ces deux destructions ne peuvent être regardées comme légales.

Quant à moi, voici sur cela ma profession de foi bien nette. Je n'ai jamais connu l'édit de création du corps, qui en 1789 existoit sous le nom de Parlement, qui étoit un corps de justice souveraine; qui ne connoissoit que le Roi pour chef, qui étoit composé des Princes et Pairs de France, et de magistrats pourvus par le Roi d'offices et dignité inamovibles , et qui ne pouvoient se perdre que par mort, démission volontaire, ou forfaiture préalablement jugée; et qui, outre l'exercice de la judicature, concouroit essentiellement sinon à la formation des lois, du moins à leur exécution, par la vérification et l'enregistrement qu'il étoit tenu d'en faire, et qui, dans les temps les plus orageux ; a rendu à la France et à ses Rois les plus importans services.

La révolution a voulu détruire la royauté: l'a-t-elle détruite en effet ? non assurément. Louis XVIII , assis sur le trône de ses pères, prouve que la révolution n'a pas détruit la royauté.

La révolution a-t-elle détruit le Parlement ? M. Dumolard dit que oui. Ici je prends la liberté de ne pas être de son avis.

Le Roi seul en France avoit le droit de convoquer les états-généraux ; seul il ayoit le droit de les dissoudre. Tous ceux qui composoient cette assemblée avoient reçu de leurs commettans des pouvoirs pour les états-généraux : tout a pu être légal , tant qu'ils ont subsisté comme états-généraux ; dès l'instant que de leur autorité privée ils ont pris le titre d'assemblée nationale , sans le consentement et malgré la volonté du Roi, tout a été illégal , et par conséquent nul. Du moment que le serment criminel a été prononcé au jeu de paume de Versailles, l'autorité du Roi a été perdue; son consentement, arraché avec plus ou moins de violence , n'a plus été qu'une vaine formalité.

C'est depuis cette époque qu'ont été prononcées les destructions successives des Parlemens.

De la nullité de tout ce qui a été fait depuis le serment du jeu de paume jusqu'à la chute de Buonaparte, dirai-je que tout est mauvais ? non ; mais je dirai que tout est nul et illégal, et que tout ce qui est bon au fond, ne peut être regardé comme vraie loi, que lorsque le Roi l'aura revêtu du sceau de son autorité.

Je conclus donc que le Parlement de Paris, consistant dans la personne du Roi, dans les Princes et Pairs, et dans les magistrats, présidens, conseillers et procureur-général, qui ont survécu à la révolution, n'ont point donné leurs démissions volontaires, qui n'ont point forfait, ou dont la forfaiture n'est pas jugée légalement, et qui formeroient peut-être encore une assemblée de soixante à quatre-vingts individus, n'a pas été légalement détruit, et que par conséquent il existe encore.

On dira peut-être que le Roi paroît avoir reconnu la non-existence du Parlement, mais une reconnoissance prétendue de la part du

Roi, n'est pas une loi ; il faut que sa destruction soit prononcée clairement, qu'elle soit notifiée, dans les formes anciennes, au corps de magistrats qui le composoient en en 1789, et qui pour cela devroient préalablement être réunis dans le lieu de séance, qu'attendu les circonstances le Roi jugeroit à propos de leur indiquer, ainsi que le jour et l'heure de leur réunion dans ce lieu. Les ordres du Roi leur seroient donnés à cet égard par lettres closes, et quand ils seroient réunis en corps d'assemblée, il faudroit que le procureur-général y apportât, 1°. des lettres-patentes qui dispenseroient la compagnie de délibérer, sans être *in loco majorum* ; 2°. le procureur-général remettroit sur le bureau, avec ses conclusions, la loi qui prononceroit l'anéantissement de l'ancien Parlement.

Après l'avoir examinée, il est à présumer que les magistrats convoqueroient les Princes et Pairs de France, qui auroient été reçus au Parlement (car leurs droits tiennent essentiellement au corps dont ils sont membres).

Je ne crois pas qu'il y ait un autre moyen

de dissoudre légalement le Parlement, et tant que ces formes n'auront pas été remplies, il existe légalement et de droit, et existera ainsi tant que les Pairs et les magistrats qui le composent encore, vivront et n'auront pas donné leurs démissions volontaires.

Mais voici une nouvelle difficulté : M. Dumolard, en donnant aux deux Chambres le nom de Parlement, compte-t-il leur donner tous les pouvoirs dont a toujours joui cette compagnie ? Les deux Chambres rendront-elles la justice souveraine au nom du Roi ? auront-elles ce que l'on appeloit la grande police ? Rien de cela n'est dit dans la charte constitutionnelle : il y est bien dit, qu'en cas d'accusation personnelle, une Chambre jugera les membres de l'autre ; je ne vois pas, dans la Chambre des Pairs, de magistrats ; j'en vois peu dans celle des Députés, et, quand il y en auroit, il faudroit donc nommer, pour chaque affaire, dans chaque Chambre, une espèce de commission, ce qui répugne à l'ordre judiciaire.

Voilà quelques difficultés qui me paroissent mériter attention.

En voici une autre qui me semble consi-
dérable : l'Etat est surchargé de dettes; la
grandeur du Roi et l'honneur français en
exigent le paiement; c'est dans ce moment,
qu'au lieu d'un Parlement qui ne chargeoit
pas le trésor royal, on accumule des auto-
rités, qui, quelque désintéressées qu'elles
puissent être, augmentent sûrement beaucoup les dépenses de l'Etat. Les gages d'un
conseiller au parlement coûtoient au Roi
quatre cents livres tournois, sur lesquels il
en payoit trois cent soixante pour sa capi-
tation ; il avoit en outre trois minots de sel
et six livres de bougies. Je doute que les
membres des deux Chambres actuelles vou-
lussent, à pareil prix, s'engager à faire la
besogne que faisoit, en 1789, le [Parle-
ment.

Non omnis, fert omnia, tellus : l'Angle-
terre a ses lois.; nous avions les nôtres; et si
on ne s'en fût pas écarté, nous n'aurions pas
à nous reprocher vingt-cinq années de
crimes, de malheurs et de ruines, la mort,
l'assassinat d'un Roi et de plus de quatre
millions de Français, et nous ne serions pas
réduits à l'effrayante détresse dans laquelle

nous a peint le rapport du ministre des finances.

On nous parle sans cesse d'idées libérales; je n'entends pas bien ce nouveau mot : s'il signifie des idées de justice, de bienfaisance, d'humanité, il me semble que, du temps de Louis XIV, il existoit en France des idées très-libérales; que les Bossuet, les Fénélon, les Lamoignon, les d'Aguesseau, les Joly de Fleury, les Massillon, les Bourdaloue, avoient des idées fort libérales, et, pour le moins, aussi bonnes et aussi libérales que celles qu'on nous prêche depuis l'année 1750.

J'en étois là, et comptois avoir fini mes observations sur la proposition de M. Dumolard, lorsque, ce matin, 29 juillet, le Journal des Débats s'exprime en ces termes : — On dit *que la Chambre des Députés, dans une séance secrète*, a discuté et rejeté la proposition de M. Dumolard, tendante à faire donner, par une loi, le nom de Parlement à la collection des trois branches du pouvoir législatif, *le Roi, la Chambre des Pairs*, et *celle des Députés.*

Si cet *on dit* est une réalité, mes observations restent sans objet; mais si les motifs sur lesquels elles sont fondées présentent des idées utiles, elles peuvent s'appliquer à d'autres. Je ne puis, avant de les terminer, me refuser à une réflexion résultante de ce que dit M. Dumolard des trois branches du pouvoir législatif, *le Roi*, *la Chambre des Pais*, et *celle des Députés*. Quand on parle de branches, on présente l'idée d'un arbre ; et je ne conçois pas qu'un tronc qui n'existe pas puisse avoir des branches ; il me semble que si on compare le pouvoir administratif à un arbre, le Roi devroit au moins en être le tronc ; si on le comparoit au corps humain, le Roi devroit en être le chef, et non pas un membre ; et c'est, en effet, ce qu'est le Roi dans toute monarchie, et ce qu'il a toujours été en France : je trouve donc cette égalité de branches peu réfléchie, et surtout peu d'accord avec le respect dû par les sujets au chef de l'Etat, notre souverain seigneur, que nous avons tant désiré, pour être gouvernés par lui, comme l'ont été par les siens nos heureux ancêtres. Je crois qu'aucun sujet, qu'aucun corps de l'Etat ne doit jamais oser se permettre d'énoncer une idée d'où peut naître celle d'une égalité quelconque avec le Roi. Prétendroit-on le faire concourir au gouvernement, tandis que c'est lui qui doit gouverner lni-même?

Mais en voilà assez sur ce sujet. Les réflexions qu'il a produit en moi en ont amené d'autres : je ne veux pas les perdre, et me laissant conduire par des vues que ma conscience m'assure être louables, je vais les consigner ici, soit pour mon utilité personnelle, soit pour celle de mes lecteurs.

Je reviens donc à ce mot d'*idées* libérales, que j'ai dit plus haut ne pas trop entendre ; mais je pense que toute idée qui peut être utile au public est vraisemblablement une idée libérale : je cite par exemple celle-ci : Je dictois hier, que l'Etat étoit obéré : je ne répéterai pas aujourd'hui ce que je disois dans cet article, sur les dépenses dont le trésor royal est surchargé ; mais il me semble que le ministre des finances auroit une idée assez libérale, s'il faisoit faire des tableaux comparatifs de ce que coûtoient, en 1750, et de ce que coûtent aujourd'hui

Les ministres et leurs bureaux ;

Les intendans, y compris leurs subdélégués et leurs bureaux avec les préfets, les sous-préfets et les bureaux, de ces messieurs;

L'administration de la justice par les Cours souveraines et tribunaux inférieurs, avec la dépense de l'administration actuelle de la justice.

En voilà assez pour faire concevoir mon idée, que les lumières du ministre étendroient et régulariseroient beaucoup mieux que je ne puis le faire. S'il mettoit ensuite sous les yeux du Roi ces tableaux, Sa Majesté y trouveroit peut-être des moyens d'économie qui avanceroient la libération de l'Etat, et lui permettroient l'espoir si cher à son cœur de soulager ses peuples.

Sûrement avant de donner la charte constitutionnelle, il a profondément réfléchi sur les avantages et les inconvéniens qui peuvent résulter de cette nouvelle manière de nous gouverner, nous autres Français; il s'est réservé dans sa sagesse, et comme cela devoit être, le droit de perfectionner, suivant les circonstances et les besoins, par des lois organiques, ce qui, dans la constitution comme dans tous les ouvrages humains, pourroît, par l'usage, être reconnu défectueux; et si, en remontant sur le trône de ses ancêtres, et en envisageant l'état affreux dans lequel il trouvoit son Royaume, il n'a pas pu faire tout le bien qu'il a voulu, son cœur lui dira qu'il a fait tout ce qui lui étoit possible, au moins pour le moment.

Que dirai-je des deux Chambres, qui, si elles forment un seul corps, forment un corps anonyme ? Le Roi a sûrement eu de bonnes raisons pour les établir comme elles le sont, et pour les composer comme nous les voyons.

Je ne dirai rien de la conduite de la Chambre des Pairs. Les journaux ne m'en ont appris autre chose, sinon qu'elle a établi, comme elle le devoit, son organisation suivant toutes les formes que lui prescrivoit la loi. Cette marche a été grave et pleine de sagesse ; il me paroît que le plan de cette Chambre est d'attendre, pour répondre, qu'on l'ait interrogée.

La Chambre des Députés me paroît avoir adopté un système tout différent; son organisation a été bien plutôt faite; et aussitôt cette opération finie, elle s'est occupée à dé-

délibérer sur des choses sûrement bien impor-
tantes. Ainsi, par exemple, il y a eu une
pétition contre la défense de travailler les
dimanches ; le journal ne m'a pas encore
appris autre chose sur cet objet, sinon que la
Chambre s'étoit formée en comité secret,
pour prendre un parti sur cette affaire. Il est
très-louable assurément de voir la moitié du
corps législatif porter ses regards sur la
religion ; il faut espérer qu'elle la verra avec
d'autres yeux que ne l'a envisagée l'assemblée nationale constituante de 1789, qui,
après avoir assisté avec le Roi et la Reine à
la procession de la Fête-Dieu, ne voulut
point adopter la proposition que lui faisoit
dom Gerles, chartreux, et l'un de ses
membres, de déclarer dominante la religion
catholique, et rejeta cette motion sous le pré-
texte qu'on n'avoit que faire de déclarer
l'évidence. Pour prouver combien elle dé-
siroit le bien de cette religion, elle prit celui
de tout le clergé, chassa les moines, exhorta
les religieux, les religieuses à se marier, etc.
Il faut espérer que la Chambre des Députés
pourra, sur cet article, ne pas prendre pour

modèle l'assemblée constituante , la plus vieille de ses grand'mères.

Le journal, car c'est mon seul guide, m'apprend que MM. les Députés proposent tous les jours, au moins très-souvent, de demander au Roi des lois sur telle, telle, telle chose ; mais ils suivent en cela assez bien l'exemple de la constituante. La constituante les faisoit elle-même, et tourmentoit le Roi jusqu'à ce qu'il y eût mis sa sanction ; par bonheur, celle-ci n'a pas le pouvoir de les faire, et le Roi fera celles qu'il jugera à propos de lui envoyer. Le Roi est très-sobre, et celles qu'il enverra aux Chambres seront faites un peu plus à la Louis XIV, et non pas à sept ou huit heures du soir, en sortant de dîner chez les grands restaurateurs, telle que fut celle, par exemple, qui prononça l'abolition de la noblesse.

C'est une idée assez libérale, quand on a des talens, de chercher à s'en faire honneur, surtout pour le bien de l'Etat. Il y a d'excellens orateurs dans la Chambre des Députés; j'en connois, dans celle des Pairs, qui pourroient rivaliser avec eux.

Par quelle fatalité la Chambre des Pairs reste-t-elle si calme, tandis que celle des Députés s'agite et se tourmente si fort?

Eh! Messieurs les Députés, fiez-vous un peu, ainsi que le font les Pairs, à la sagesse du Roi. Chacun de vous veut ce qu'il désire pour le petit coin du Royaume dont il est Député. Le Roi seul sait ce qu'il faut pour tout le Royaume. Rappelez-vous que la noblesse n'est plus abolie ; que vous n'êtes plus, comme dans la constituante, les membres d'une assemblée essentiellement roturière, telle qu'avoit voulu la faire M. l'abbé Sieyes, duquel, heureusement, nous ne voyons plus d'ouvrages ; que, parmi vous, il y a beaucoup de comtes, de barons, de chevaliers, soit par leur naissance, soit parce que Bonaparte les a fait tels, et que le Roi les maintient. Ceux d'entre vous qui n'ont pas ces titres, sont d'honnêtes propriétaires, d'estimables jurisconsultes, des négocians, des banquiers dignes d'une grande considération. Encore une fois, attendez, comme les Pairs, que le Roi vous parle ; il vous assure la liberté de lui proposer vos doutes et vos observations, et donnez aux peuples l'exemple de vous reposer de notre bonheur, sur les lumières, la sagesse, les vertus d'un Monarque qui ne vit et ne veut vivre que pour rendre ses sujets heureux.

Je reviens encore sur les idées libérales ; cela me rappelle que, dans ma jeunesse, j'ai lu, il y a bien long-temps, une pièce un peu gaie, dans laquelle l'aimable auteur disoit ne pas bien comprendre ce qu'entendoient les femmes, *en nous parlant toujours de cœur*, et puis il ajoute :

A force d'y rêver je me suis mis en tête
Que du sens littéral elles font peu de cas,
Et qu'on est convenu de prendre un mot honnête
Pour remplacer un mot qui ne l'est pas.

Si ma citation n'est pas exacte, tant pis ; je n'ai pas l'ouvrage, et je cite de mémoire au bout de cinquante ans ; mais je suis sûr de rendre son idée.

Chez nous autres Français, les modes ne sont bonnes qu'autant qu'elles sont nouvelles ; et la mode d'il y a deux ans est aujourd'hui une antiquaille. La mode des idées philoso-phiques a duré bien long-temps : on appe-loit alors idées philosophiques toutes celles qu'on ne comprenoit pas trop ; puis celles qui attaquoient un peu l'autorité, puis la religion ; peu à peu les idées philosophiques nous ont mené à ne plus vouloir ni Roi, ni Dieu ; et ce que je dis-là est si vrai, que Robespierre se crut obligé, en 1794, de proclamer que le peuple français reconnoissoit l'*Etre Suprême* et l'*immortalité de l'âme*. Et cette idée philosophique ne fut pas encore avouée par tout le monde, comme assez philosophique. Ne seroit-on pas convenu, par hasard, de substituer à ces mots, *idées philosophiques*, *idées libérales ?* J'engage ceux qui emploient cette nouvelle expression de leurs idées, de nous en donner une bonne définition, bien claire, et qui nous présente quelque chose d'aussi net que cette proposition ou cet axiôme : *Le tout est plus grand que sa partie.* Sinon, je me défierai toujours des idées libérales.

Pour moi, voici mes idées, libérales ou non, telles que ma tête les conçoit et que mon cœur les avoue par les vœux qu'il forme pour le bonheur du Roi et de la Patrie !

Je souhaite que Louis XVIII règne comme Henri IV, et qu'il ait un Sully ;

Comme a régné Louis XIII avec son cardinal de Richelieu, auquel il ne permettra pas toujours de dépouiller les tribunaux, et de mettre le glaive de la justice entre les mains de commissaires;

Comme Louis XIV, gouvernant par lui-même, et entouré des génies de toute espèce qui illustrèrent à jamais le grand siècle, qui, comme celui d'Auguste, portera toujours son nom.

J'entends d'ici des hommes à idées soi-disant libérales, s'écrier : Mais, vous n'y pensez pas; c'est là le pur despotisme. Que d'abus, que d'inconvéniens dans cette manière de gouverner ! Voici ma réponse : 1°. Chercher sur la terre un gouvernement sans abus, ni inconvéniens, on le trouvera le même jour qu'on trouvera la pierre philosophale. 2°. Henri IV n'étoit pas despote; Louis XIV lui-même, qu'on ne soupçonnera pas d'avoir cherché à douter de son autorité, étoit si persuadé qu'elle avoit des bornes, que lorsque les désastres qui, sur la fin de son règne, mirent la France aux abois, le forcèrent à recourir à l'impôt du dixième, et qu'il prit enfin le parti d'en envoyer l'édit au Parlement; il répéta plusieurs fois : *Mais, enfin, ai-je ce droit là ?* Il demeura dans l'inquiétude jusqu'à ce qu'il eût la nouvelle de l'enregistrement. Ces Rois n'étoient pas despotes; ils étoient les maîtres, et ce qu'ils devoient être.

Mais, enfin, armé d'une telle puissance, si un Roi est mauvais que deviendre l'Etat?

Sans doute un mauvais Roi est un terrible fléau; mais quand il est légitime, mon avis est qu'il faut supporter un mauvais règne, comme on supporte les pestes, les famines, les guerres, telles que les dernières que nous avons eu à souffrir, en espérant des temps plus heureux. Le *fiat rebellio* de la constitution hongroise me fait frémir; il appelle la guerre, la conquête, et forge les fers de l'esclavage des sujets.

Enfin, le Roi est fait pour nous gouverner; nous sommes faits pour l'être par notre Roi légitime : exposons-lui, après de mûres réflexions, et avec beaucoup de respect, ce que nous croyons pouvoir être utile; il nous écoutera : mais ne le tourmentons pas, en lui demandant sans cesse de convertir bien vite en loi chaque idée qui nous passe par la tête. Si j'étois membre de la seconde Chambre, et que je suivisse l'impétuosité de de mon zèle, je me ferois fort d'être en état de lui proposer, à chaque séance, deux ou trois objets à prendre en considération. Dieu nous préserve d'une pareille fécondité, elle deviendroit bien funeste !

J'en reviens donc à mes vœux pour le Roi ; soyons-lui fidèles ; aimons-le ; obéissons-lui ; il en sera plus tranquille, et nous aussi.

www.ingramcontent.com/pod-product-compliance
Ingram Content Group UK Ltd.
Pitfield, Milton Keynes, MK11 3LW, UK
UKHW021156230726
13926UKWH00001B/134